Karl Bloßfeldt – Alphabet der Pflanzen

Karl Bloßfeldt (1865–1932) war weder Berufsphotograph noch Naturwissenschaftler, sondern Professor an der Kunstgewerblichen Lehranstalt in Berlin, Bildhauer und Amateurphotograph. Sein Interesse an der Welt der Pflanzen war künstlerischer und didaktischer Natur: Es ging ihm um die Struktur der Pflanzen, ihren organischen Aufbau, ihre »aus Zweckmäßigkeit« geborene »höchste künstlerische Form«, die er durch seinen streng sachlichen, fast zeichnerisch zu nennenden Stil sichtbar und vergleichbar machen wollte. Sein Ziel war es, einen systematischen Formenkatalog zu erstellen, der bildenden Künstlern, Kunsthandwerkern und vor allem Architekten als Lehr- und Musterbuch beim Entwerfen dienen sollte.

Ende der 20er Jahre veröffentlichte Bloßfeldt seine Aufnahmen in zwei programmatischen Büchern: *Urformen der Kunst* und *Wundergarten der Natur*. Sie beeinflußten das Kunstschaffen seiner Zeit nachhaltig und begeisterten insbesondere die führenden Vertreter der Neuen Sachlichkeit und die Surrealisten. Als Klassiker ihres Genres gingen sie in die Photo- und Kunstgeschichte ein und machten ihren Autor über Nacht berühmt.

Den einführenden Essay, der auf die Entstehungsbedingungen und die Wirkungsgeschichte von Bloßfeldts Pflanzenphotographien eingeht, verfaßte Gert Mattenklott, Professor für Literaturwissenschaft an der Freien Universität Berlin.

80 Seiten, 44 Duotone-Tafeln
ISBN 978-3-8296-0303-4

Karl Bloßfeldt

Alphabet der Pflanzen

Mit einem Text von
Gert Mattenklott

Herausgegeben von
Ann und Jürgen Wilde

Schirmer/Mosel

Abbildung auf dem Umschlag:
Cucurbita pepo Kürbis. Ranken

Lithos: Nova Concept, Berlin
Satz: Typograph, München
Printed by EBS, Verona

ISBN 978-3-8296-0303-4
Eine Schirmer/Mosel Produktion
www.schirmer-mosel.com

Karl Bloßfeldt (1865-1932) gilt als Pionier der Neuen Sachlichkeit für die Geschichte der Photographie. Sein Œuvre besteht aus rund 6000 Ablichtungen von Pflanzen und Pflanzenteilen, die in Negativen und zeitgenössischen Publikationen erhalten sind. Außerdem wurden 1984 im Archiv der Hochschule der Künste in Berlin noch 500 bis dahin verschollen geglaubte autorisierte zeitgenössische Photoabzüge, sogenannte »vintage-prints«, aufgefunden. Sie gehörten – ebenso wie plastische Modelle – zum Lehrmaterial des Bildhauers und Hochschullehrers Bloßfeldt, der zunächst am alten Kunstgewerbemuseum im Gropius-Bau, dann in den Berliner Vereinigten Staatsschulen, der heutigen Hochschule der Künste, »Modellieren nach lebenden Pflanzen« unterrichtete.

Zu seinem photohistorischen Ruhm kam er quasi jungfräulich und schon fast hinter seinem Rücken. Denn erst 1928, kurz vor Ende seines Lebens, erschienen die *Urformen der Kunst,* die ihn mit einem Schlage weltberühmt machten; eine Publikation, die der Berliner Wasmuth Verlag durchaus nicht in künstlerischer, sondern primär in didaktischer Absicht vorlegte. Bloßfeldt kann seinen Augen nicht getraut haben, als er die Rezensionen las. Sein ab 1896 entstandenes Sammelwerk, das Ergebnis von rund drei Jahrzehnten fleißiger botanischer Dokumentation und dilettierender Kunstwissenschaft, wurde von den avanciertesten Kritikern und Kunstphilosophen der Zeit als Erschließung eines bis dahin ungekannten Universums gefeiert. Die Aufnahmen, fast alle mit demselben Apparat und stilistisch gleichbleibend, weil immer für denselben Zweck, die pädagogische Bildkonserve, angefertigt, werden nun als Pioniertat des technischen Mediums gerühmt. Unter den ersten, die Bloßfeldts Ruhm verbreiten, ist Walter Benjamin: »Er hat in jener großen Überprüfung des Wahrnehmungsinventars, die unser Weltbild noch unabsehbar verändern wird, das Seine geleistet. Er hat bewiesen, wie recht der Pionier des neuen Lichtbilds, Moholy-Nagy, hat, wenn er sagt: 'Die Grenzen der Photographie sind nicht abzusehen. Hier ist alles noch so neu, daß selbst das Suchen schon zu schöpferischen Resultaten führt. Die Technik ist der selbstverständliche Wegbereiter dazu. Nicht der Schrift-, sondern der Photographieunkundige wird der Analphabet der Zukunft sein.' Ob wir das Wachsen einer Pflanze mit dem Zeitraffer beschleunigen oder ihre Gestalt in vierzigfacher Vergrößerung zeigen – in beiden Fällen zischt an Stellen des Daseins, von denen wir es am wenigsten dachten, ein Geysir neuer Bilderwelten auf.«[1] In Benjamins *Kleine Geschichte der Photographie* (1931) geht Bloßfeldt dann als Kronzeuge des »Optisch-Unbewußten« ein, an Bedeutung gleich mit Atget, Sander und Germaine Krull, und mit diesen ein Verteidiger der Festung Sachlichkeit gegen den Schmock photographischer Zusammenschau.

Zustimmung kam aber auch aus einem ganz anderen Lager. Franz Roh (1927) sah Analogien zu den surrealistischen Frottagen der *Histoire Naturelle* von Max Ernst, und Georges Bataille illustrierte einen Aufsatz über »Le langage des fleurs« in seinen *Documents* (1929) mit Bloßfeldt-Photos, eine bedeutende Hommage, die – neben später folgenden englischen, französischen, amerikanischen, gar schwedischen Ausgaben – eine starke internationale Wirkung bezeugen. In Deutschland erscheint vier Jahre nach den *Urformen* eine weitere Sammlung, der *Wundergarten der Natur* (1932), und Mitte der dreißiger Jahre bereits gibt es eine »Volksausgabe« der *Urformen der Kunst* (1935).

Die Ästhetik von Bloßfeldts Photos zwischen Neuer Sachlichkeit und Surrealismus erschließt sich aber noch reicher, wenn man ihre historische Tiefendimension beachtet. Der früheste Entstehungsanlaß und die Massenwirkung dreißig Jahre später gehören in dieselbe Tradition einer biologistisch gedeuteten Materialgerechtigkeit von Architektur und Kunstgewerbe, deren Kontinuität von Gottfried Semper bis zu Henry van de Velde reicht. Mit Sempers Ideen über einen neuen Stil war Bloßfeldt durch seinen Lehrer an der Berliner kunstgewerblichen Lehranstalt, Moritz Meurer, bekannt geworden, in dessen Lehrbüchern für den Zeichenunterricht er auch seine ersten Photos veröffentlichen kann. Bei Bloßfeldts späterem Verleger Ernst Wasmuth hatte Meurer bereits 1889 eine für ein breiteres Publikum bestimmte Schrift publiziert mit »Vorschlägen zur Einführung eines vergleichenden Unterrichts« im Studium an kunstgewerblichen

Schulen. Vergleichen wollte Meurer Kunst- und Naturformen. Sein Anlaß: die Erschöpfung des historistischen Flächenornaments, »Ornamentiasis«, »die äußerliche Anwendung und Häufung von Schmuckformen, die mit dem Organismus des Kunstwerks nichts zu tun haben«[2]. Eine »Erfrischung« der Formenphantasie verspricht Meurer sich von einem neuen Naturalismus, der den dekorativen Übermut disziplinieren soll. Sein Gewährsmann ist Semper, den er mit einer schon Mitte des 19. Jahrhunderts erschienenen Broschüre über *Wissenschaft, Industrie und Kunst* und dem späteren theoretischen Hauptwerk *Der Stil in den technischen und tektonischen Künsten oder praktische Ästhetik* zu Wort kommen läßt. Darin steht die Aufforderung an die Gebrauchskünstler, Schmuckformen nicht malerisch zu kopieren, sondern sie aus den Materialien zu entwickeln.

Bloßfeldts späterer Titel *Urformen der Natur* ist in *Wissenschaft, Industrie und Kunst* vorformuliert: »Wie die Natur bei ihrer Mannigfaltigkeit in ihren Motiven doch nur einfach und sparsam ist, wie sich in ihr eine stete Wiedererneuerung derselben Formen zeigt, die nach dem Stufengang der Ausbildung und nach den verschiedenen Daseinsbedingungen der Geschöpfe tausendfach modifiziert ... erscheinen, ebenso liegen auch den technischen Künsten gewisse Urformen zum Grunde, die, durch eine ursprüngliche Idee bedungen, in steter Wiedererscheinung doch eine durch näher bestimmende Umstände bedungene Mannigfaltigkeit gestatten.«[3] Wenn in der Folge Sempers und zu dessen Vorstellungen analog dann doch wieder historische Stilepochen als Muster zitiert werden – wie in England die Gotik bei A.W. Pugin, Ruskin und Morris und in Meurers Kunstgewerbepädagogik Gotik und klassische Antike –, dann beidemal in einer vom Historismus charakteristisch unterschiedenen Weise. Die antiken Kapitelle und Säulenformen, gotischen Gewölbe und Bekrönungen werden – wie schon in der Romantik – naturalistisch interpretiert und nicht als Kunst-, sondern als Naturformen gedeutet. Ihrer aller Lehrmeister seien die natürlichen Dinge, unter diesen aber vor allem die wachsende Pflanze.

Als Meurer 1889 sein Projekt einer methodisch angelegten Lehrmittelsammlung zum Studium der Naturformen entwickelt, beruft er sich – neben Goethe, Darwin und Semper – auch auf den Biologen und Naturphilosophen Ernst Haeckel für seinen Vorschlag, den Kunststudenten eine jahreszeitenunabhängige Anschauung der Natur zu ermöglichen »durch

Pressung, Trocknung oder Ausstopfung der Originale; durch Imprägnierung mit konservierenden Mitteln, Aufbewahrung in Spiritus usw.; durch andere Vervielfältigungsarten als: galvanischen Niederschlag, Metallpressungen u. a.«[4] Den selbsterhobenen Einwand, daß dergestalt die Kunstgewerbeschulen zu Naturalienkabinetten würden, wehrt Meurer ab, indem er ein Auswahlprinzip nennt; es ist eben das Prinzip, nach dem er seinen Schüler Bloßfeldt photographieren läßt: »Die für die künstlerische Anwendung notwendigen Gebilde werden sich immer auf eine beschränkte Anzahl sozusagen typischer Formen beschränken lassen ... Aus dem Pflanzenreich müssen vollständiger die Bildungen vertreten sein, in denen die Hauptverwendungspunkte für die Übertragung in Kunstformen am deutlichsten sichtbar und erklärbar sind, und solche, welche in der Stilentwicklung der verschiedenen Kunstperioden eine entscheidende Rolle gespielt haben.«[5] Mit anderen Worten, die Typik der Beispiele ergibt sich aus ihrer Nähe zu Architektur- und Kunstformen, die ihrerseits unter dem Gesichtspunkt ausgewählt sind, ob sie an Naturformen erinnern. Natur wird wie Kunst angeschaut, die wie Natur gesehen wird. Das sentimentalische Hin-und-Zurück zwischen Natur und Kunst betont bald das Artistische in der Natur, bald das Vegetabile in der Kunst. Zwischen beiden Möglichkeiten changieren die Photos von Bloßfeldt, der Meurers Stab als reproduzierender Hilfsarbeiter angehört.

Die Reproduktionen werden in 3-15fachem Maßstab hergestellt (in späteren Photos gelegentlich sogar 45fach), »unterstützt um das Mikroskop und photographisch-mikroskopische Vergrößerungen«[6], deren Technik gleichzeitig auch Ernst Haeckel für seine *Kunstformen der Natur* (1899) benutzt. Das Pflanzenmaterial wird vorzugsweise auf Expeditionsreisen an die Ursprungsstätten der abendländischen Kunst gewonnen: Griechenland, Italien, Nordafrika. Die Ausstattung des Photographen Bloßfeldt: eine selbstgebaute Plattenkamera, für die er je nach vorliegendem Pflanzenmaterial drei verschieden große Formate verwenden konnte: 6 x 9, 9 x 12 und 13 x 18. Genauere technische Angaben erfahren wir aus den Legenden der späteren Abdrucke im *Deutschen Lichtbild*, z. B. aus dieser: »Selbstgebaute Kamera 9 x 12, Aplanat 1:36, F = 50 cm, offene Blende, ohne Filter, Satrap-Braunschicht-Platte o. l.; belichtet zwischen 8 und 12 Minuten im Atelier, gedämpftes Tageslicht.« Diese Umstände – mit wechselnden Formaten, Belichtungszeiten und Beschichtungen – dürften im wesentlichen immer identisch sein. Differenzierungen ergeben sich eher aus der Präsentation der Präparate: ob frisch oder getrocknet, plastisch oder gepreßt, liegend oder hängend aufgenommen, im Naturzustand oder beschnitten.

Mit dem Kehraus des Ornaments, wie er in den Attacken von Adolf Loos oder bei Gropius zitierbar ist, überlebt die ornamentale Energie als materialeigene »Gestalt«- oder Stil-Kraft in den verschiedensten Formen vor allem der Architektur. Goethe-Zitate sind ihr Indiz, von Rudolf Steiner und van de Velde bis zu Frank Lloyd Wright. Ein Goethe-Zitat steht auch als Motto vor Bloßfeldts *Wundergarten der Natur:*

Wärt ihr, Schwärmer, imstande, die Ideale zu fassen,
0, so verehrtet ihr auch, wie sich's gebührt, die Natur,
Wärt ihr, Philister, imstande, die Natur im Großen zu sehen,
Sicher führte sie selbst euch zu Ideen empor.

Die Projektion pflanzlichen Lebens in technische Formen folgt dem Ritual des Banns. Die fremd gewordenen und in ihrer starren Gewalt seit Goethes Zeiten immer bedrohlicher erscheinenden Dinge werden so lange mit Blicken – und dem Photo-Auge – fixiert, bis ihre Starre sich in Vertrautes aufzulösen scheint. Das ist die eine Version; die andere – desselben Vorgangs: der von der Technik Verfolgte hält inne, ergibt sich und wechselt die Seite. In der Mimikry des demütigen Blicks zurück vermeint er die neuen Gewalten auch in den alten vegetabilen Formen immer schon am Werk zu sehen: als archaische ornamentale Urkräfte. Die Gefühle, von denen diese Blicke begleitet werden, schwanken; je nachdem, ob die Hybris des bannenden Blicks oder die Demut der Anverwandlung überwiegen.

Entscheidend ist aber etwas anderes. Es kommt immer auf den Blick des Betrachters an, nicht auf das Betrachtete. Es liegt im Vermögen seiner angemessenen Optik, wie bedrückend ihm die Dinge werden. Mit dieser idealistischen Prämisse stemmt sich das »Neue Sehen« gegen die Erfahrung subjektiver Ohnmacht angesichts der technischen und in unserem Jahrhundert immer krasser auch der ideologischen Übermächte. An den Dingen läßt sich nichts ändern, so ist zu befürchten; also muß Rettung von der Veränderung der Wahrnehmung kommen, vor allem aber Trost: »Es müßte nur unser Auge eine Spur schauender, unser Ohr empfangender sein, der Geschmack einer Frucht müßte uns vollständiger eingehen, wir müßten mehr Geruch aushalten, und im Berühren und Angerührtsein geistesgegenwärtiger und weniger vergeßlich sein –: um sofort aus unseren nächsten Erfahrungen Tröstungen aufzunehmen, die überzeugender, überwiegender, wahrer wären als alles Leid, das uns je erschüttern kann.« So schreibt Rilke an die Fürstin Marie von Thurn und Taxis Hohenlohe nach einem Jahr Weltkrieg (6.9.1915). Die Anstrengung der Sinne soll das Unglück kompensieren. Gemeint ist eine Sinnlichkeit ohne eigenes Interesse. Das Persönliche muß zurücktreten, damit sich das Sein der Dinge im Wahrnehmenden entfalten kann.

Kaum hätte die Ästhetik der Neuen Sachlichkeit solche Popularität unter Intellektuellen erlangt, wäre mit ihrer Anbetung der Dinge und Funktionen nicht dieser Appell an mystische Erfahrungsbereitschaft verbunden gewesen. Huxley, der in *The Doors of Perception* einen Meskalinrausch auswertet, zitiert Blake: »If the doors of perception were cleansed, every thing will appear as it is, infinite.« Benjamin experimentiert mit Rauschmitteln in ähnlicher Erwartung, und Karl Kerényi, der einen »wachsenden Strom des Lichtbedürfnisses« feststellt, vermutet: »Durch die Kamera wurden, so will es scheinen, die Pforten der Wahrnehmung gereinigt, nicht so vollkommen wie durch die chemische Methode, die Huxley an sich selbst anwenden ließ, indem er Meskalin nahm, aber auf Grund des gleichen Prinzips.«[7] Dieses Prinzip heißt bei Kerényi – in Erinnerung an eine alte mystische Tradition – Erfahrung von »Istigkeit« durch Ausschaltung des interessierten Zugriffs. Die absolute Diesseitigkeit »der nackten Existenz« soll aus einer Grenzerfahrung hervortreten, in der der Mensch das empirische Sein zugunsten eines reinen Seins hinter sich läßt: »Blumen, leuchtend mit ihrem eigenen, inneren Licht, fast bebend unter dem Druck der Bedeutung, die sie in sich tragen.« Das sind wohl nicht die Blumen Bloßfeldts, doch wachsen auch sie vor dem geläuterten Blick, sind auch sie Lohn einer Selbstreinigung. (Moholy-Nagy wird die »Hygiene des Optischen« fordern.) Der neue Blick sucht die Versöhnung mit der unvertrauten Welt, indem er das eigene Sehen bis zu jener Ekstase steigert, in der er das Fremde aus sich selbst hervorbringt und das Vertraute in neuem Licht sieht. Das Demiurgische entschädigt ihn dafür, daß objektiv alles auf

Anpassung hinausläuft, und freilich ist dieses neue Sehvermögen ja selbst auch objektiv und historisch eine so noch nicht erlebte Steigerung einer Sinneskraft.

Als Bloßfeldts Bildwerke Ende der zwanziger, Anfang der dreißiger Jahre erscheinen, finden sie eine Popularität, die diejenige selbst seiner vielfach avancierteren Photographen-Kollegen der Zeit weit hinter sich läßt. Sie finden sie auch bei einem Publikum, das von Semper nichts weiß und von Haeckel nichts mehr wissen will, weil der für den Jugendstil mitverantwortlich gemacht wird, für den man sich – den Molluskenstil – wie für eine anale Ausschweifung längst peinlich schämt. Aufnahmebereit für Bloßfeldts Photos ist dieses Publikum, das ja auch erheblich breiter ist als das für zeitgenössische abstrakte Malerei oder die experimentelle Photographie der Zeit, weil es die schon alltäglich eingeübte Gymnastik des mystifizierenden Blicks nach einem besonders eingängigen Rhythmus und an einem allseits vertrauten und liebenswürdigen Objekt, der Pflanze, ausüben kann.

Bloßfeldts Entdecker in den zwanziger Jahren ist Karl Nierendorf gewesen, vormals Bankier in Köln, später Gründer der »Katakombe« mit Werner Fink als Conférencier, einer der agilsten Promoter im Berliner Milieu der zwanziger Jahre, der mit seinem Bruder Josef die Galerie Nierendorf betrieb, identisch mit dem noch heute bestehenden, vor allem mit Expressionisten handelnden Unternehmen. Dort scheint Bloßfeldt um 1925 seine erste Ausstellung gehabt zu haben, ein eher populärer Rahmen. Dem entspricht auch der erste aufgefundene Druckort eines Bloßfeldt-Photos nach den Meurer-Publikationen: das Monatsmagazin des Ullstein-Hauses, *Uhu* (1926), das zu einem Artikel über »Grüne Architektur« die Abbildung eines Schachtelhalms stellt; daneben ein Photo von »Mameluckengräbern in Kairo aus dem 14. Jahrhundert«. Ein Jahr später dann die Wiedergabe eines vergrößerten Schachtelhalms, diesmal einer kompletten Serie, als Illustration in einem Buch Werner Lindners über *Bauten der Technik* (1927).

Der Verfasser zitiert Bloßfeldt, weil er beweisen will, daß die Neue Sachlichkeit uralt ist, d.h., er sucht nach einer Tradition, die das Neue rechtfertigen soll. Um zu erklären, wie die beiden wichtigsten Ansprüche des neuen Stils, »Zeitlosigkeit« sowie Werkstoff- und Materialgerechtigkeit, zusammengedacht werden können, zieht er die Pflanze als Formgeber heran.

Wölfflin leiht ihm die Formulierung von »offenbarter Gesetzmäßigkeit« als »höchste Form des Lebens«, aus der er Grundtypen des Bauens entwickelt. Bloßfeldts Schachtelhalm illustriert den Grundtypus von Längsausdehnung in einer normativen Bedeutung: »Solange der Erbauer eines Turmes versucht, einen Schachtelhalm in dem tektonischen Ausdruck seines Wesens zu überbieten, solange ist er auf Abwegen. Die organische Kunstform der Natur ist von einer, man möchte sagen, edelsten Sensibilität des Schöpfers und einer 'zeitlosen' Stilisierung der in und an dem Gebilde wirkenden Kräfte, die von vergleichbarem Menschenwerk nicht übersteigert werden können, jedenfalls nur auf Kosten der Ausgeglichenheit des Werkes.«[8] Wenn Lindner architektonisch dem Leben nachschaffen will, darin meint er nicht das werdende Leben, sondern das Leben unter dem Gesetz. Gegen die »Gefahr der Versündigung am heiligen Geist der Tektonik« durch dynamisierende Verwendung neuer Baumaterialien fordert er mit Emphase »Statik und nicht Dynamik!«[9]

Franz Roh, der schon zitierte Entdecker einer Nähe zwischen der *Histoire Naturelle* von Max Ernst und Bloßfeldt-Photos, schreibt 1927 im Vorwort eines Katalogs der Galerie Nierendorf zur Ausstellung »Nachexpressionistische Kunst« über die neusachlichen Tendenzen: »Während man Ausdruckskraft erst in der Bewegtheit des Lebens sah, wird Ausdruck jetzt bereits im ruhenden Sein erblickt ... im Aufhorchen auf den Urklang des völlig verwirklichten bloßen Daseins.« Kubus, Zylinder, Pyramide gelten Lindner als organische Grundformen. Dergestalt fügen sich Bloßfeldts Schachtelhalme in eine Sequenz ikonischer Kontinuität ein, die von Turmbauten aus dem alten China und im islamischen Kulturkreis über Schmolls Berliner Ullstein-Haus bis zum Shelton Hotel in New York oder schwedischen Wassertürmen reicht. Die architektonische Moderne wächst aus archaischen Grundkräften. Der zweckrationale Gleichtakt der Maschinensachlichkeit steht in geheimer Korrespondenz mit dem ewigen Rhythmus des Lebens: die Pflanze als Modell. Was die Zivilisationskritik der Zeit als unversöhnbaren Gegensatz behauptet, soll hier zusammengebracht werden: Blut-, Atem- und Wachstumsrhythmus mit Arbeitstakt.

Bloßfeldt selbst hat sich fast aller Selbstdeutung enthalten, doch dürfen wir vermuten, daß er mit dem Vorwort, das Karl Nierendorf für seine *Urformen* schrieb, einverstanden war. Dort heißt es: »Wenn dieses Werk erstmalig mit Deutlichkeit Zusammenhänge aufzeigt, die im Kleinen ebenso wie im Großen immer klarer hervortreten, so trägt es auf seine Weise zur wichtigsten Aufgabe bei, die uns heute gestellt ist: den tieferen Sinn unserer Gegenwart zu erfassen, der auf allen Gebieten des Lebens, der Kunst, der Technik zur Erkenntnis und Verwirklichung einer neuen Einheit strebt.« Das synthetische Prinzip ist die Energie von Urformen: »So vielgestaltig das Reich der mit uns wachsenden und vergehenden, kristallischen, animalischen und vegetativen Formen auch ist: sie werden bestimmt von einem jenseitigen starren und ewigen Gesetz, das sie ins Dasein rief. Alle Naturform ist ständige Wiederholung des gleichen Ablaufs seit Jahrtausenden und nur durch klimatische oder wechselnde Bodenbeschaffenheiten Veränderungen unterworfen, die an der Grundgestalt nicht rütteln. Farn und Schachtelhalm hatten ihre heutige Form schon vor unvorstellbaren Zeiten. Nur ihre Größe hat sich unter der Entwicklung der Erdatmosphäre verändert.« Die Kunst, so Nierendorfs Feststellung, ist dagegen zeitlich, dauernde Neuzeugung: »Wie die Natur in ihrer Monotonie ewigen Werdens und Vergehens die Verkörperung eines dunkel grandiosen Geheimnisses ist, so ist die Kunst eine gleich unfaßbare, organisch aus Menschenherz und -hirn geborene zweite Schöpfung, die der Sehnsucht nach Dauer, nach Ewigkeit entspringt.« In Bloßfeldts Photos sieht der Autor den »Nachweis erbracht, daß die erfundenen zu den naturgewachsenen Formen dennoch in naher Verwandtschaft stehen«. Jede der 120 Bildtafeln offenbare »die Einheit des schöpferischen Willens in Natur und Kunst, lediglich durch das sachliche Mittel der fotografischen Technik ... und gerade dadurch um so stärker überzeugend. Dem mit dem Auge der Kamera an die Natur herantretenden Künstler entfaltete sich eine Welt, die alle Stilformen der Vergangenheit umfaßt, von dramatischer Gespanntheit bis zu strenger Ruhe und selbst bis zum Ausdruck lyrischer, innerster Beseelung. Die flatternde Zierlichkeit eines Rokoko-Ornaments wie die heroische Strenge eines Renaissance-Leuchters, mystisch wirres Rankenwerk gotischer Flamboyant, edle Säulenschäfte, Kuppeln und Türme exotischer Architektur, goldgetriebene Bischofsstäbe, schmiedeeiserne Gitter, kostbare Zepter ... alle gestaltete Form hat ihr Urbild in der Welt der Pflanze.« In einer überraschenden Wendung findet Nierendorf dann die Figur, in der er die Starre der natürlichen Urformen mit der lebendigen Zeugungskraft der Kunst zusammenbringen kann: den Tanz und die Knospe. Wie diese im ewigen Rhythmus sich bildend dennoch ein zeitliches Werden ankündige, so reiße der Tanz die Geste aus dem »Fluß der Entwicklung heraus als ein Bild des Wunsches nach Dauer«.

Wenn wir die flüchtig und vage skizzierende Einleitung Nierendorfs richtig deuten, so wollte er in Bloßfeldts Photos die Sehnsucht der Natur nach ihrer Erlösung in Kunst, der Kunst in ihrem Verlangen nach Natur in eins gebildet sehen – mit den »sachlichsten« Mitteln: denen der Technik. Der weitere Zusammenhang ist für ihn eine neue Öffnung der Stadt für die Natur: nur leichte Glaswände zwischen Haus und Garten. Der Landausflug mit dem Auto, der sportlich sonnengebräunte »neue Menschentyp«, der mikroskopische Ausflug in den Mikrokosmos, der mit dem Fernrohr ins All. Die Popularisierung dieser Photos brauchte einen möglichst großen gemeinsamen Nenner, einen breiteren etwa, als ihn die funktionalistische Ästhetik des Werkbundes bot. Nierendorfs Vorwort sammelt Käufer unter Kunstexperten und Naturfreunden, Esoterikern neuer Weltanschauungen und schließlich auch noch Photofreunden. Das Wesentliche ist für ihn die Synthese. Das Medium – die Photographie – hat instrumentelle Bedeutung. Ihr Vorzug ist Sachlichkeit.

Bloßfeldts Photoband in der Präsentation durch Nierendorf ist Spiegel von Bedürfnissen eines urbanen Kulturkonsums, der eine bewußte Pflege des Innenlebens betreibt. Die Gründergeneration, gerade erst vom Dorf oder aus der Kleinstadt nach Berlin gezogen, hatte diese sentimentalische Reflexion noch kaum gekannt; um so stärker nun die der zwanziger Jahre. Das zerrissene Band zur Natur wird im Bewußtsein neu geknüpft, oder eher: die langen Blicke des »Neuen Sehens« versuchen die abgerissenen Enden zusammenzubringen. Je weniger das Interesse der Betrachter durch Bildung oder Neigung, Kunstgeschichte oder Photo-Hobby spezialisiert ist, desto süchtiger sucht das Verlangen in den Pflanzenphotos »das Wunder der Einheit allen Lebens«, wie andere zeitgenössische Reaktionen auf Bloßfeldts Arbeit erkennen lassen. – Als die populäre Zeitschrift *Atlantis* 1929 dem Nobelpreisträger Jagadish Chunder Bose Gelegenheit gibt, von seinen Forschungen zu berichten, die er mit seinem »Crescographen« über quasi-animalische, mikrodynamische Prozesse im pflanzlichen Leben betrieben hat, stellt sie auf ganzseitigen Abbildungen fünf Bloßfeldt-

Photos dazu, sämtlich Aufnahmen von Blüten, Ähren und Samen, offenbar als Illustration der Erinnerungen des Inders an die Lehren seiner Vorfahren vor dreitausend Jahren am Ganges: »Die in der bunten Mannigfaltigkeit des Universums die Einheit erschauen, denen gehört die ewige Wahrheit – nur ihnen allein, nur ihnen allein.«[10] So ist zusammengebracht, worin sich sonst noch das urbane Sentiment für die neue Natürlichkeit ausdrückt: der Appell an die Elite der Eingeweihten, die Mobilisierung der alten einfachen Weisheiten gegen die komplizierten neuen Wissenschaften, der Weg nach Indien. Daß hier nur Photos vom Fortpflanzungsapparat der Pflanzen ausgewählt wurden, hat eine spezielle Bedeutung, die uns nicht zuletzt die Wiederkehr von Pflanzenliebe und Indien-Sehnsucht in unserer Zeit bemerken läßt. Das Animalische der Sexualität wird durch die Projektion ins Pflanzenleben scheinbar sauberer. Zu empfangen wie ein Lotoskelch, ist ein Wunschtraum von Liebenden, die vor der vertierten Sexualität der städtischen Massen in die vegetabile Unwillkürlichkeit flüchten möchten wie in den Traum von unbefleckter Empfängnis.

Die Anziehungskraft, die das Aussehen und das Verhalten der Pflanze auf die Zeitgenossen ausübte, war sehr vielschichtig und auch in sich widersprüchlich begründet. Die Prominenz von Bloßfeldts Photos war indessen innerhalb von zwei bis drei Jahren so hoch geworden, daß sie sich als Anschauungsmaterial auch aufdrängten, wo ihr Illustrationswert nur vage blieb. Das gilt für Georges Batailles bereits erwähnten Aufsatz über »Le langage des fleurs« von 1929[11], ausgestattet mit fünf Photos von Bloßfeldt. Für Bataille ist das Sichtbare der Pflanze nur ihr kultivierter Vorzeigeteil, dessen zweite Dimension in die lichtlose Fäulnis reicht, in die das obszöne Wurzelwerk der Pflanze greift; die geil mit den nackten Wurzelfingern in die Erde langt, ist das Spiegelbild der edlen, deren Blätter sich dem Licht entgegenstrecken. Diese Doppelung von Profanität und Heiligkeit ist für Bataille der Grund der allegorischen Zitierbarkeit von Pflanzen. Blume der Liebe ist die Rose, indem ihre Wurzeln in die Verwesung verliebt sind, während ihr gerader hoher Wuchs und die symmetrische Abspreizung der Blätter die sphärische Ordnung einer subtilen Vernunft errichten. »Es ist unmöglich, die tragikomischen Auseinandersetzungen zu überspitzen, die im Laufe dieses sich unendlich zwischen Erde und Himmel abspielenden Todesdramas geprägt werden; und selbstverständlich kann dieser lächerliche

Dualismus nur dann umschrieben werden, wenn seine widerliche Banalität – die Liebe hat den Geruch des Todes – nicht so sehr als Satz, sondern vielmehr als Tintenfleck eingeführt wird. «[12]

Dasselbe Verhältnis zwischen Kultivation und verborgener Unzucht, Heiligkeit und Sakrileg bestimmt für Bataille auch die Zugehörigkeit von innerer Blüte und Blütenblättern als ein moralisches. Die Häßlichkeit der Sexualorgane und die Spiritualität der Liebeszuwendung seien füreinander jeweils notwendige Bedingungen, so nun auch hier. Um Bloßfeldts Photos in diesem Sinne zitieren zu können – die des zeitgenössischen expressionistischen Dichter-Philosophen Ernst Fuhrmann wären viel geeigneter gewesen –, muß Bataille kontrastiv auswählen: gerade die Eigenschaft, auf die es ihm vor allem ankommt, Zweideutigkeit zwischen Laster und Erhebung, läßt sich an ein und demselben Photo nämlich kaum assoziieren; es hätte für Bloßfeldt bedeutet, das tektonisch Strukturierte und die formale Ausschweifung mit einem Blick zu erfassen. Kontrastiv setzt Bataille deshalb Campanula vidalu, deren entfernte Kelchblätter Stempel und Staubgefäße entblößen, neben die filigranen Fäden der Bryona alba und neben die skelettartige Ährensymmetrie des Hordeum distichum das phallische Equisetum hiemale.

In der Hinwendung zum vergrößerten Pflanzendetail kreuzen sich die Blicke von Neusachlichen und Surrealisten: Bloßfeldts Photos stehen in ihrem Schnittpunkt. Wie Regenschirm und Nähmaschine auf dem Seziertisch treffen sich Moholy-Nagy und Bataille vor Pfauengerste und vergrößertem Schachtelhalm. Die Konstellation kommt durch das Bedürfnis beider zustande, die Moderne in der Urgeschichte aufzusuchen.

Im Jahrgang 1927 des *Kunstblatts* sind Differenz und Überschneidung innerhalb eines Heftes dokumentiert. Waldemar George stellt in einem Beitrag über »Frankreich und die 'Neue Sachlichkeit'« die Unvereinbarkeit der jeweils in Frankreich bzw. Deutschland dominierenden ästhetischen Einstellungen der Intelligenz fest – hier Neue Sachlichkeit, dort der Surrealismus –, während im anschließenden Artikel Franz Roh, mit Tschichold zwei Jahre später Chronist der neusachlichen Photographie, die Affinität von Max Ernsts »Stückungsgraphik« und Bloßfeldts Pflanzenphotos, anläßlich des Erscheinens der *Histoire Naturelle,* hervorhebt. (Roh war wohl im *Uhu* auf die Aufnahmen gestoßen.) Im ersten Artikel erscheint die

Opposition von »écriture automatique« und Konstruktivismus als unversöhnlich. Hier Winkelmaß, Senkblei und Kompaß, dort das Wunder, die Inspiration, Mysterium, Innenleben, Magie. Franz Roh spürt dagegen den Defiziten »organizistischer« Seelenarbeit und »objektivistischer« Apparatekunst nach, die er bei Bloßfeldt und Max Ernst auf ähnliche Weise ausgeglichen findet: durch Annäherung bzw. Nutzung der unausgeglichenen Spannung als Bildenergie. Ein Brief von Max Ernst bestätigt den Befund, er habe »durch gegenseitige Annäherung von Elementen, die wir bisher für einander fremd und beziehungslos zu halten gewohnt waren, eine elektrische oder erotische Spannung erzeugen« wollen: »Es erfolgten Entladungen oder Starkströme. Und je unerwarteter die Elemente sich zusammenfanden, um so überraschender war mir der jeweils überspringende Funke Poesie.«[13]

Sie ist Ausdruck der Überraschung, mit der die erste und zweite Natur, vegetabile und technische Form aufeinandertreffen. Die Pflanzenwelt ist eine Subkultur unter der Oberfläche, stets bereit, aus dieser wieder hervorzubrechen in Augenblicken, in denen die Wachsamkeit des Bewußtseins nachläßt oder die artistische Technik nachhilft. Das Frottageverfahren, bei dem die Texturen unter das Zeichenblatt gelegt und durch dessen Oberfläche gerieben werden, bis sie schließlich auf ihr zum Erscheinen kommen, ist wie eine symbolische Imitation dieser Prozesse.

Der magische Anteil der ästhetischen Neuromantik, zu dessen Gunsten die harten Tatsachen der Wirklichkeit verzaubert würden, ist Zielscheibe einer der vereinzelten kritischen, ja in diesem Fall entschieden ablehnenden Besprechungen, die Bloßfeldts Photos gefunden haben. Sie steht 1929 in der von Heinrich Hoerle herausgegebenen Zeitschrift *a-z* der »kölner gruppe progressiver künstler«. Dieses nur zwischen 1929 und 1933 erschienene Periodikum versammelt Beiträger wie Hausmann, Tschichold, Roh, Seiwert, Freundlich und Kubicki: Trotzkisten, Anarchisten, kommunistische Kritiker der Sowjetunion. Spätestens in der hier von Seiwert und Kubicki geschriebenen Kritik von links tritt nämlich nun auch die kulturpolitische Bedeutung des großen Publikumserfolgs von Bloßfeldt und des anderen photographischen Mitbegründers der Neuen Sachlichkeit, Alfred Renger-Patzsch, zutage, der häufig mit Bloßfeldt in einem Atemzug genannt wird.

Seiwert fürchtet das Ende der funktionalen Architekturentwicklung: »man will resultate sehen, ehe die voraussetzungen erfüllt sind, und so begnügt man sich mit scheinresultaten, nirgendwo stellt sich aber leichter ein scheinerfolg ein als beim ornament und mit hilfe des ornaments. das ornament verdeckt die nicht gelungene lösung des aufgegebenen architektonischen zeitproblems. man hat nicht den mut, auf 'kunst' zu verzichten und häuser zu bauen, im glauben, daß sie architektur werden, wenn sie *richtig* gebaut sind. man kann das resultat nicht abwarten und möchte es vorwegnehmen durch eine scheinformung.« Das Ergebnis sei »konfektion«. Die »aus der natur« geholten Formen von Bloßfeldt und Renger-Patzsch könnten als Kunstformen nur einer »oberflächlich ästhetisierenden betrachtung« erscheinen.

Konfektion und Ästhetizismus, das sind die Stichworte, um die sich von nun an bis in die Gegenwart die Argumente linker Kritik gegen die Warenästhetik der Neuen Sachlichkeit gruppieren – eine vor Erbitterung über den kapitalistischen Mißbrauch der Kunst oft kopflose Kritik. Denn wie gewiß es auch ist, daß die Wiederentdeckung des Pflanzenornaments am Ende der zwanziger Jahre als ein Angebot aufgefaßt werden konnte, architektonischen und kunstgewerblichen Schund in eindrucksvollen Futteralen zu vermarkten, so sicher ist doch auch, daß nicht die monumentale Vergrößerung von Pflanzendetails die Schuld am Verpackungsbetrug trägt. Gleichwohl sollen in der Kritik Seiwerts das Auge, die Pflanze, die Kamera und der Vergrößerungsapparat, soll Bloßfeldt ihm büßen, was er an Mendelsohns neuerer Entwicklung beargwöhnt: die erschlichene Harmonisierung durch »scheinformung«.

Stanislav Kubicki assistiert dieser Zurückweisung, indem er Bloßfeldts biologistischer Interpretation der antiken Schmuckformen deren funktionalistische Erklärung schroff gegenüberstellt: »sollte jemand wirklich der meinung sein, daß die antiken baumeister sich die form der kannelierten dorischen säule aus der natur geholt haben – etwa vom schachtelhalm? das entstehen dieser säule ist leicht und plausibel aus einem bündel von stäben zu erklären, welche oben zusammengebunden, mit einer quadratischen platte bedeckt war, alle architektonischen elemente des dorischen tempels weisen auf eine entstehung aus der holzarchitektur hin. fast alle architektonische form ist aus der praxis erwachsen, aus ihrem material und aus ihrem zweck. wenn wir also heute zwischen einer dorischen säule und einer vergrößerten fotografie eines stückes schachtelhalm eine ähnlichkeit feststellen können, so ist niemals der schachtelhalm die urform der dorischen säule, sondern wir haben eine zufällige, ganz amüsante, aber nichtssagende parallelität vor uns.«[14]

Dieser Entzauberungsversuch der »Urformen« hat natürlich in Bloßfeldt nicht seinen einzigen Adressaten. Betroffen ist auch das Kokettieren mit den Pflanzen bei Künstlern und Theoretikern des Werkbundes. – Kubicki nennt noch weitere Beispiele, die Bloßfeldt empfindlicher treffen, weil sie auf die photographische Manipulation der Motive aufmerksam machen. Kein Zweifel, so seine Feststellung, daß man einer Distelblüte mit Messer und Photoapparat und entsprechender Placierung die Ähnlichkeit mit einem Negerkral geben könne – ist sie deshalb aber dessen Urform? Ebenso zutreffend und womöglich noch interessanter ist Kubickis Bemerkung über Nierendorfs Unterstellung einer irgendwie wesensmäßigen Nähe eines Eisenhutsprosses zu einem primitiv geschnitzten Pfahl exotischer Stämme: »in der natur hat das pflänzchen noch wurzeln, diese sind hier fortgelassen worden, da sie die nötige ähnlichkeit wesentlich beeinträchtigen würden, außerdem steckt in wirklichkeit noch gut die hälfte des hier sichtbaren in der erde. um die vom herausgeber im vorwort dazu geschriebenen sätze voll und ganz zu würdigen, muß man also den sproß aus der erde reißen, die wurzeln abschneiden und ihn sich sechsfach vergrößert betrachten ... «[15]

Wirklich hat Bloßfeldt ja Wurzelwerk nicht interessiert, es hat ihn, den klassizistischen Prämissen seiner Ästhetik, ihrer Herkunft aus dem Meurerschen Lehrmittelprojekt entsprechend, wohl auch gar nicht interessieren können. Insofern handelt es sich bei der von Kubicki gerügten Amputation auch nicht um eine beliebige Beschneidung, sondern eine ästhetische Entscheidung von prinzipiellem Charakter. Wie das Animalische pflanzlicher Funktionen für ihn ein neben- und untergeordneter Aspekt bleibt, so ist auch das chaotische unterirdische Trieb-Leben kein Thema seiner Photos. Es entzieht sich im wesentlichen dessen Stilisierung.

In einem Vorwort zum *Wundergarten der Natur* (1932) hat Bloßfeldt Selbstbewußtsein genug erworben, um sich mit ein paar Sätzen über die eigene Arbeit zu Wort zu melden – anscheinend die einzige publizierte Selbstdeutung, die es von ihm gibt. Walter Benjamin muß sie mit Schaudern gelesen haben: »Jede gesunde Kunstentfaltung bedarf einer befruchtenden Anregung: nur aus dem ewig unversiegbaren Jungbrunnen der Natur, aus dem die Völker aller Zeit schöpften, kann der Kunst wieder neue Kraft und Anregung zu einer gesunden Entwicklung zugeführt werden.« Die »heimische Pflanzenwelt« will er mobil machen gegen die »oft seelenlose Gegenwartsgestaltung«, so daß man das Schlimmste befürchten muß. Die Wendung des Werkbundes zur Heimatkunst mitvollziehend, erinnert er sich an die darwinistischen Prämissen seiner Ästhetik, um den Daseinskampf der Pflanze ins Heroische zu steigern gegen die Trivialität »nur nüchterner Sachlichkeitsgestaltung«. Die Pflanze zwinge »mit Urgewalt« zu höchster künstlerischer Form, die Natur als strenge Lehrmeisterin zur ästhetischen Einkehr: »Sie ist eine Erzieherin zur Schönheit und Innerlichkeit und eine Quelle edelsten Genusses.« Also viel harte Mystik. Als Moholy-Nagy 1929 einen Raum der Stuttgarter Ausstellung des Deutschen Werkbundes zu gestalten hatte, griff er auch auf Bloßfeldt-Photos zurück: ohne im geringsten Assoziationen an all das weltanschaulich programmatische Gerümpel zu wecken, mit dem Bloßfeldt selbst im Vorwort zum *Wundergarten* wenig später seine Bilder belastet. Für Moholy tritt der Eindruck des Organischen, der ja an der Ganzheit der Pflanze haftet, völlig zurück zugunsten der Demonstration von funktionellen Einzelheiten, der Oberflächenstruktur, des Materialcharakters.

1933 wird unter der Schirmherrschaft von Goebbels die erste große faschistische Photoausstellung unter dem Titel »Die Kamera« eröffnet. Darin gibt es zwar eine große Abteilung »Photographie und Botanik«, doch ist darin Bloßfeldt nicht vertreten, wie bekanntlich die Neue Sachlichkeit insgesamt auch nur mit ganz »wenigen Proben« repräsentiert war (so der Ausstellungskatalog). In der Pflanzenphotographie dominieren Aufnahmen aus dem Berliner Botanischen Museum. Das entspricht der Forderung des Referenten aus dem Propagandaministerium, mit der die Ausstellung eröffnet wurde: »Wie eine wahre Kunst nicht international sein kann, sondern immer emporwächst aus der Tiefe der Volksseele und eng verbunden ist mit Blut und Boden, so muß auch gerade eine so ausgesprochene Volkskunst – wie die Photographie – in stärkstem Maße ihre Kraft empfangen aus Rasse und Heimat.« Die strukturalen Pflanzen Bloßfeldts mögen in diesem Boden als nicht fest genug verwurzelt gegolten haben.

Anmerkungen

[1] Walter Benjamin: »Neues von Blumen« (1929), in: *Gesammelte Schriften,* III *(Kritiken und Rezensionen). Hrsg.* v. Hella Tiedemann-Bartels, Frankfurt am Main 1972, S. 151 f.

[2] Moritz Meurer: *Vorschläge zur Einführung eines vergleichenden Unterrichts im Studium an kunstgewerblichen Schulen.* Berlin 1889, S. 8

[3] Gottfried Semper: *Wissenschaft, Industrie und Kunst. Vorschläge zur Anregung nationalen Kunstgefühls.* (1852) Neudruck Mainz 1966, S. 35 (= Neue Bauhausbücher)

[4] M. Meurer, a. a. 0., S. 35

[5] M. Meurer, a. a. 0., S. 38

[6] M. Meurer, a. a. 0., S. 33

[7] Karl Kerényi: »Das Licht und die Götter in Griechenland« (1955), in: *Auf Spuren des Mythos.* München/Wien 1967, S. 192

[8] Werner Lindner: *Bauten der Technik. Ihre Form und Wirkung. Werkanlagen.* Berlin 1927, S. 8

[9] W. Lindner, a. a. 0., S. 10

[10] Jagadish Chunder Bose: »Das Leben der Pflanze«, in: *Atlantis,* 1929, H. 3, S. 173-176 (mit Abb.)

[11] Georges Bataille: »Le langage des fleurs«, in: *Documents 1* (1929), No. 3, S. 160-168 (mit Abb.)

[12] »Il est impossible d'exagérer les oppositions tragi-comiques qui sont marquées au cours de ce drame de la mort indéfiniment joué entre terre et ciel, et il est évident qu'on ne peut paraphraser ce duel dérisoire qu'en introduisant, non tant comme une phrase, mais plus exactement comme une tache d'encre, cette banalité écœurante: que l'amour a l'odeur de la mort.«

[13] Franz Roh: »Max Ernst und die Stückungsgraphik«, in: *Das Kunstblatt 11* (1927), S. 397-400

[14] Stanislav Kubicki (ohne Titel), in: *a-z,* 3 (1929), S. 10

[15] St. Kubicki, ebd.

Tafeln

1 *Adiantum pedatum*

2 *Aristolochia spec.*

3 *Cucurbita pepo*

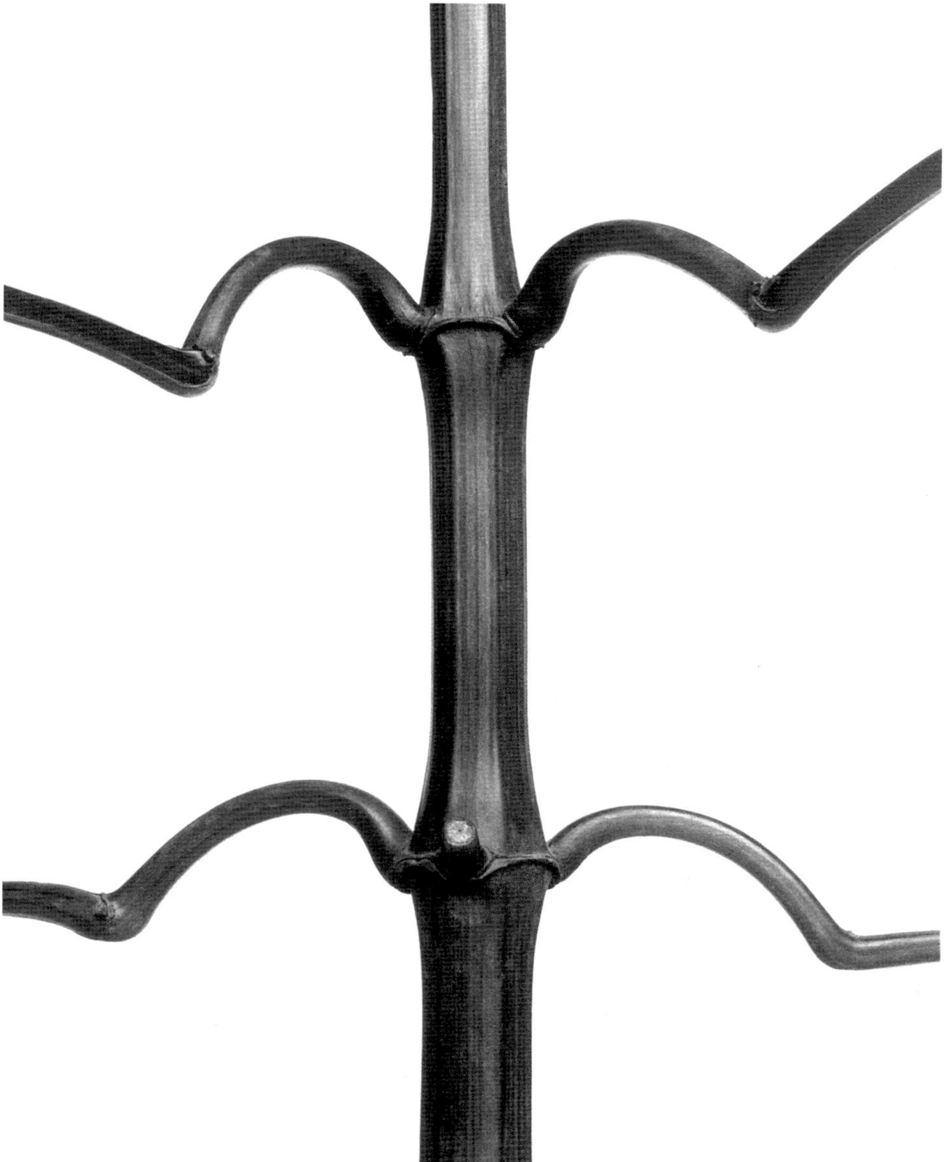

4 *Impatiens glandulifera*

5 *Fraxinus spec.*

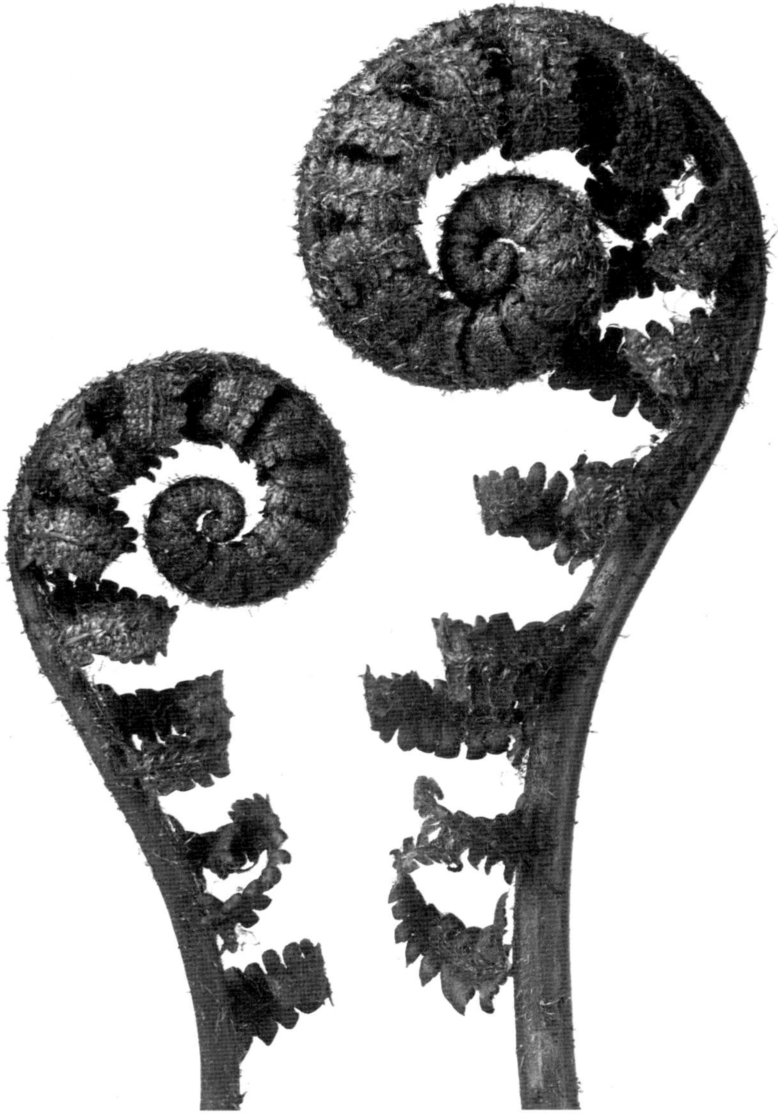

6 *Dryopteris filix mas.*

7 *Fabaceae*

8 *Allium ostrowskianum*

9 *Abutilon avicennae*

10 *Phacelia tanacetifola*

11 *Cynara scolymus L.*

12 *Aesculus parviflora*

13 Orchidaceae

14 *Sanguisorba canadensis*

15 *Acanthus mollis*

16 *Trollius ledebourii*

17 *Pteridium aquilinum*

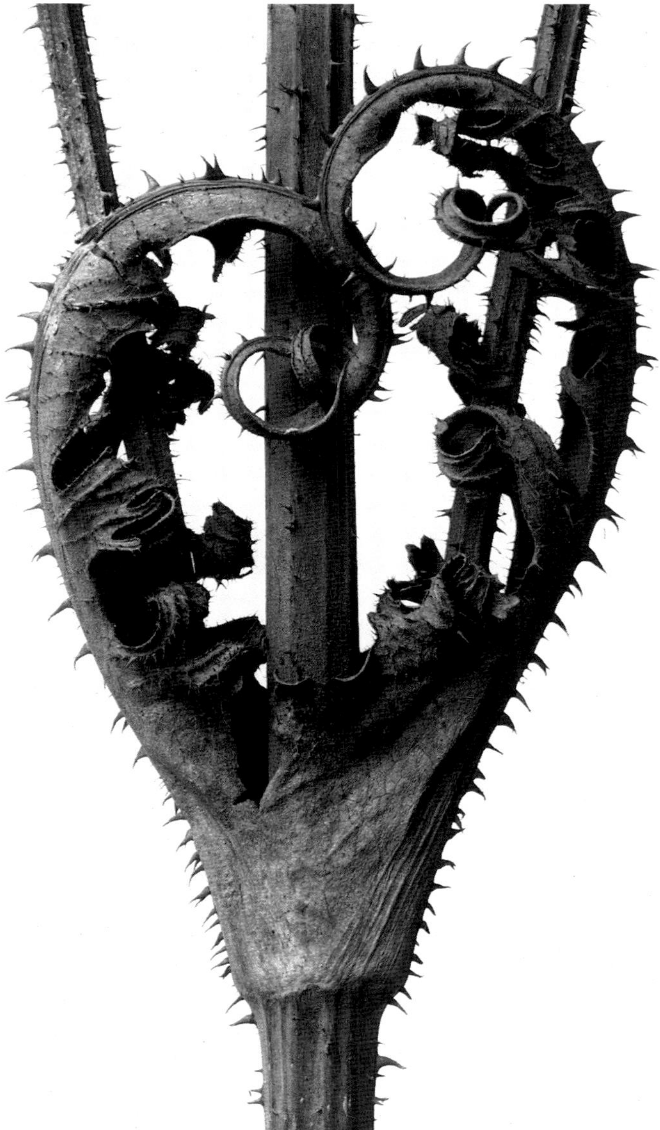

18 *Dipsacus laciniatus*

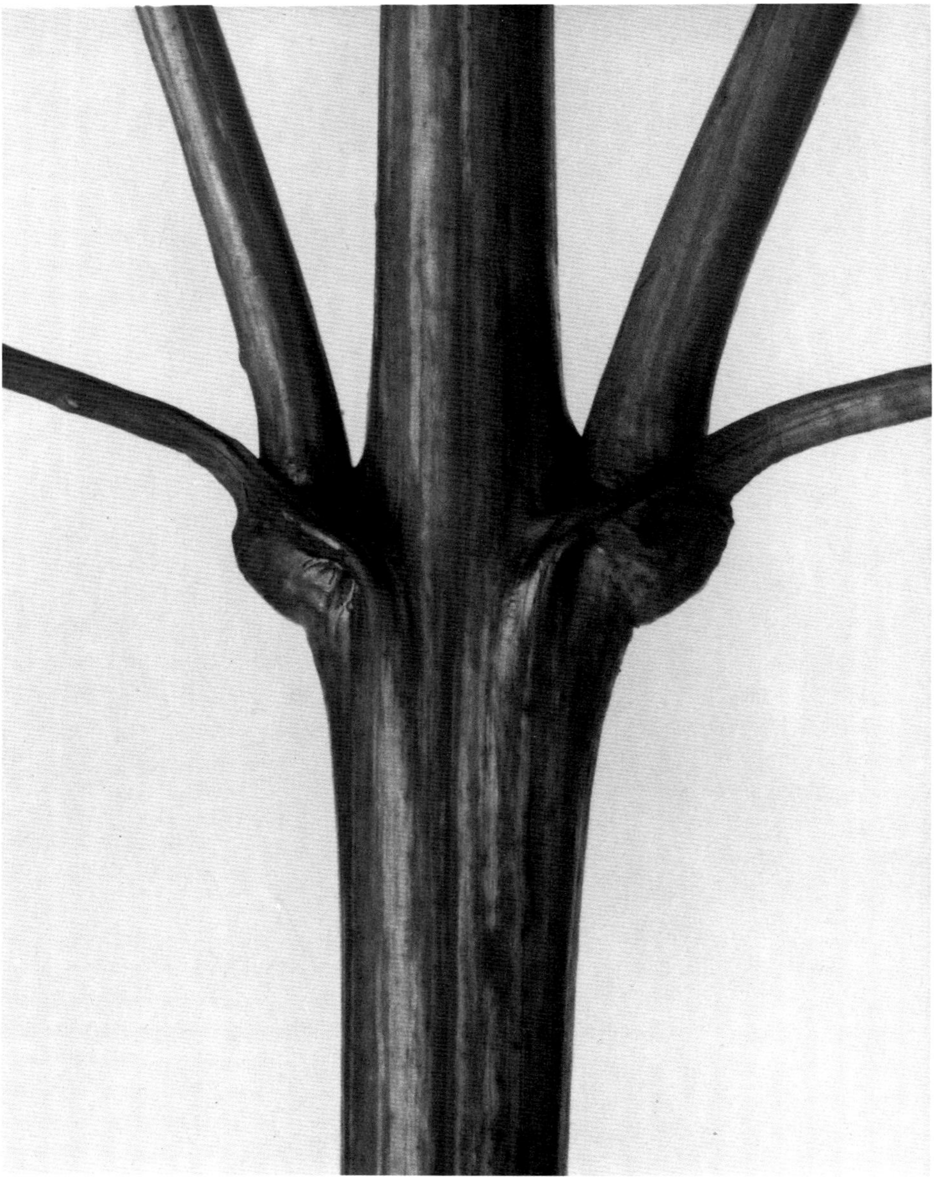

20 *Acer spec.*

21 Aconitum anthora

22 Teucrium botrys

24 Eryngium bourgatii

25 Papaver orientale

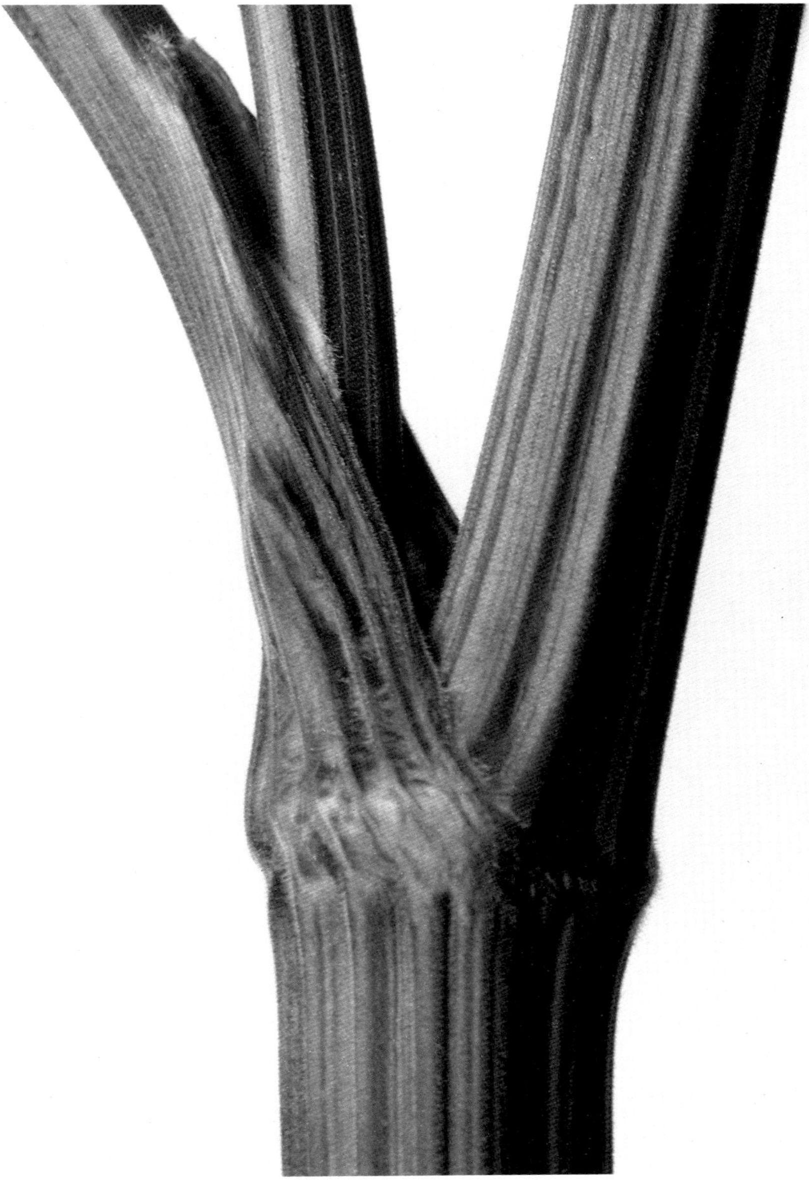

26 Apiaceae

27 *Blumenbachia hieronymi (Loasaceae)*

28 Blumenbachia hieronymi (Loasaceae)

29 Equisetum hyemale

30 *Silene conica*

31 *Phlomis umbrosa*

32 *Forsythia suspensa*

33 Delphinium

34 *Delphinium spec.*

35 *Uniola latifolia*

36 *Serratula nudicaulis*

37 *Papaver spec.*

38 Aconitum spec.

39 *Saxifraga geranioides*

40 *Achillea umbellata*

41 *Cirsium oleraceum*

42 *Eryngium maritimum*

43 *Silene maritima*

44 *Clematis heracleifolia*

Lebensdaten

1865 Karl Bloßfeldt wird am 13. Juni in Schielo (Harz) geboren. Besuch der Mittelschule in Harzgerode bis zur mittleren Reife (1880).

1880-84 Studium an der Lehranstalt des Königlich Preußischen Kunstgewerbemuseums in Berlin mit einem Begabtenstipendium der Marktwaldschen Stiftung. Außer den üblichen Fächern solcher Anstalten (Zeichnen, Modellieren, Stillehre) praktischer Musikunterricht.

1890-96 Zeitweiliges Stipendium der Preußischen Regierung für künftige Lehrer des Naturstudiums. Als einer von zwei Modelleuren sowie mit vier Zeichnern Studienreise unter der Leitung von Professor Moritz Meurer nach Italien, Griechenland und Nordafrika. Pflanzenreproduktionen für Unterrichtswerke in Bronzemodellen, Reliefs und Photographien von lebenden Pflanzen und Modellen.

1896 Erste Photopublikation in einer Abhandlung Meurers; weitere in den folgenden Jahren bis 1909.

1898 Beginn der bis zu seinem Tod dauernden Lehrtätigkeit an der Kunstgewerblichen Lehranstalt in Berlin, die später in die Hochschule für Bildende Künste eingeht; ab 1899 als Dozent. Einrichtung eines Plattenarchivs mit Pflanzenaufnahmen, von denen er Diapositive für den Unterricht herstellt (»Modellieren nach lebenden Pflanzen«, »Die Pflanze im Kunstgewerbe« etc.). Heirat mit Maria Plank auf der Insel Helgoland.

1910 Scheidung der Ehe. Der Name Bloßfeldts taucht zwischen 1909 und 1926 publizistisch nicht auf – außer in Verbindung mit einer Mappe von sechs Aktzeichnungen (1921).

1912 Heirat mit der Opernsängerin Helene Wegener. In den nächsten Jahren zahlreiche Reisen nach Südeuropa und Nordafrika. Ständige Ergänzung seines Plattenarchivs durch Aufnahmen unterwegs und von Präparaten, z. B. aus dem Berliner Botanischen Garten.

1921 Ernennung zum ordentlichen Professor.

1926 April: Erste Ausstellung in der Galerie Nierendorf, Berlin. Photo-Abdrucke und Erwähnungen in Magazinen und Kunstzeitschriften.

1928 Publikation des Bildbandes *Urformen der Kunst* im Berliner Ernst Wasmuth Verlag mit einem Vorwort des Galeristen Karl Nierendorf. Gleichzeitig Ausstellung (im Juni) in der Hochschule für Bildende Künste, Berlin. Die starke Resonanz des Buchs macht schon 1929 eine Neuauflage erforderlich. Lizenzausgaben und Übersetzungen im westlichen Ausland folgen rasch.

1930 Emeritierung.

1932 Publikation des Buchs *Wundergarten der Natur* im Verlag für Kunstwissenschaft. Karl Bloßfeldt kommentiert erstmals seine Photos selbst in einem kurzen Vorwort.
Er stirbt am 9. Dezember in Berlin.

Adiantum pedatum. Haarfarn. Eingerollte junge Blattwedel.

Aristolochia spec. Osterluzei. Junge Blätter.

Cucurbita pepo. Kürbis. Ranken.

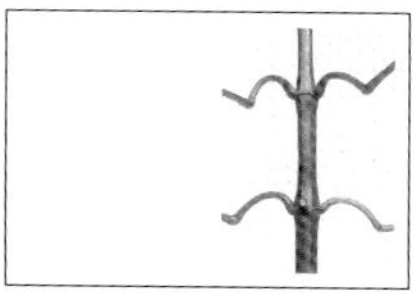

Impatiens glandulifera. Drüsiges Springkraut. Stengel mit Verzweigung.

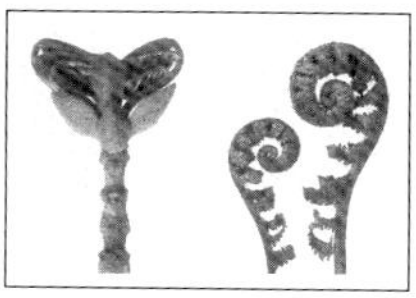

Fraxinus spec. Esche. Sich öffnende Blattknospe.
Dryopteris filix mas. Wurmfarn. Eingerollte junge Blattwedel.

Fabaceae. Schmetterlingsblütler. Junges Fiederblatt.
Allium ostrowskianum. Ostrow's Lauch. Doldenähnlicher Blütenstand.

Abutilon avicennae. Lindenmalve. Samenkapsel.
Phacelia tanacetifola. Büschelschön. Abgeblühte Blütenstände.

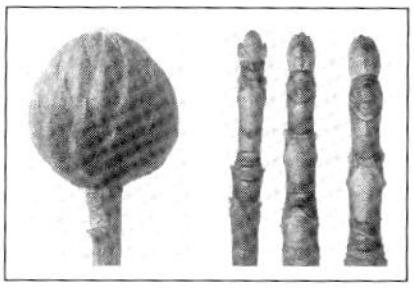

Cynara scolymus L. Artischocke. Junges Köpfchen.
Aesculus parviflora. Kleinblütige Roßkastanie. Junge Sprosse.

Orchidaceae. Orchidee. Junger Sproß.
Sanguisorba canadensis. Kanadischer Wiesenknopf, Blutkraut. Stengel mit Blattansätzen und Nebenblättern.

Acanthus mollis. Akanthus, Bärenklau. Blütenstand mit Tragblättern, die Blüten sind entfernt.
Trollius ledebourii. Ledebour's Trollblume. Frucht.

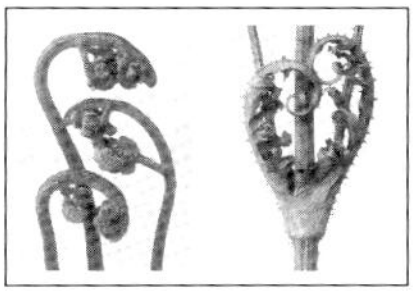

Pteridium aquilinum. Adlerfarn. Eingerollte junge Blattwedel.
Dipsacus laciniatus. Schlitzblättrige Karde, Weberkarde, Weberdistel. Am Stengel getrocknete Blätter.

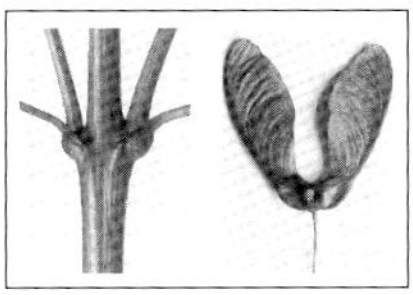

Gegenständige Verzweigung.
Acer spec. Ahorn. Geflügelte Früchte.

Aconitum anthora. Schmalblättriger Eisenhut. Fiederschnittiges Blatt.
Teucrium botrys. Trauben-Gamander. Laubblatt.

Wechselständige Verzweigung.
Eryngium bourgatii. Mannstreu. Blatt.

Papaver orientale. Türkenmohn. Blütenknospe.
Apiaceae. Doldenblütler. Blattscheide mit Seitentrieb.

Blumenbachia hieronymi (Loasaceae). Blumenbachie.
Geöffnete Samenkapsel.
Blumenbachia hieronymi (Loasaceae). Blumenbachie.
Geschlossene Samenkapsel.

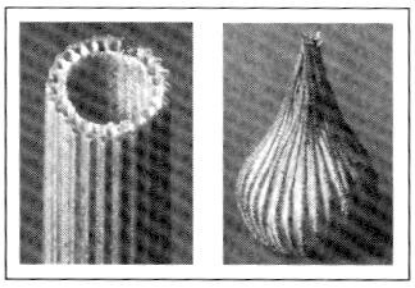

Equisetum hyemale. Winter-Schachtelhalm.
Querschnitt eines Stengels.
Silene conica. Kegelfrüchtiges Leimkraut. Samenkapsel.

Phlomis umbrosa. Filzkraut, Flammenlippe. Sproßspitze
mit kreuz-gegenständigen Blättern.
Forsythia suspensa. Forsythie. Zweigspitze mit Knospen.

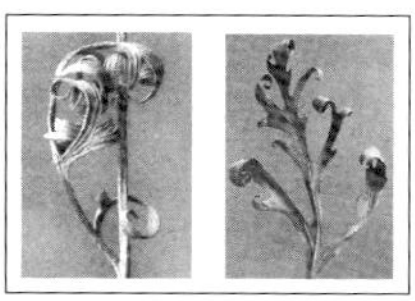

Delphinium. Rittersporn. Getrockneter Stengelabschnitt
mit eingerolltem Blatt.
Delphinium spec. Rittersporn. Trockenes Laubblatt.

Uniola latifolia. Rispengras. Rispe mit Ährchen.
Serratula nudicaulis. Nacktstengelige Scharte. Fruchtende Köpfchen.

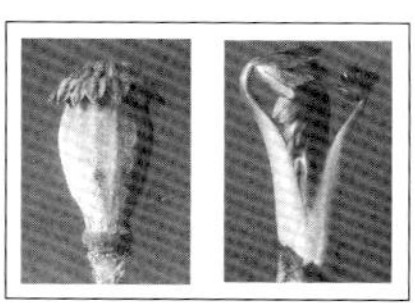

Papaver spec. Mohn. Samenkapsel.
Aconitum spec. Eisenhut. Junger Sproß.

Saxifraga geranioides. Geranien-Steinbrech. Laubblatt.
Achillea umbellata. Doldige Schafgarbe. Laubblatt.

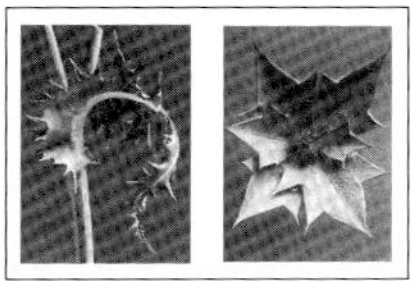

Cirsium oleraceum. Kohldistel. Laubblatt.
Eryngium maritimum. Strand-Mannstreu, Stranddistel. Dolde mit Hochblättern.

Silene maritima. Strand-Lichtnelke. Einzelblüte.
Clematis heracleifolia. Waldrebe. Arrangierte Blütenblätter.

Literaturhinweise

Anheißer, Roland: *Mikroskopische Kunstformen des Pflanzenreiches.* Dresden o.J. (1904)

Bataille, Georges: »Le langage des fleurs«, in: *Documents I* (1929), Nr. 3, S. 160-168

Benjamin, Walter: »Neues von Blumen« (1929), in: *Gesammelte Schriften,* Bd. III *(Kritiken und Rezensionen).* Hrsg. v. Hella Tiedemann-Bartels, Frankfurt/M. 1972, S. 151-153

Bloßfeldt, Karl: *Urformen der Kunst. Photographische Pflanzenbilder von Professor Karl Bloßfeldt.* Hrsg. mit einer Einleitung von Karl Nierendorf, Berlin o.J. (1928)

Bloßfeldt, Karl: *Wundergarten der Natur. Neue Bilddokumente schöner Pflanzenformen.* Berlin 1932

Bloßfeldt, Karl: *Wunder in der Natur. Bilddokumente schöner Pflanzenformen.* Mit einer Einführung von Otto Dannenberg, Leipzig o.J. (1942)

Bloßfeldt, Karl: *Portfolio mit 12 Originalphotographien von Karl Bloßfeldt in einer Auflage von 50 numerierten Exemplaren.* Mit einer Einführung von Volker Kahmen, Köln 1975 (Galerie Wilde)

Bloßfeldt, Karl: *Fotografien 1900-1932.* Hrsg. Klaus Honnef, Köln/Bonn 1976 (Ausstellungskatalog Rheinisches Landesmuseum)

Bloßfeldt, Karl: *Karl Bloßfeldt 1865–1932. Das fotografische Werk.* Mit einem Text von Gert Mattenklott. Botanische Bearbeitung von Harald Kilias, München 1981

Fuhrmann, Ernst: *Pflanzenphotographien.* Vorwort von Volker Kahmen, 2. Aufl. Berlin 1979 (Galerie A. Nagel)

Gerlach, Martin: *Formenwelt aus dem Naturreiche. Photographische Naturaufnahmen von Martin Gerlach.* Wien 1903

Haeckel, Ernst: *Kunstformen der Natur.* Leipzig 1899 (Reprint: *Art forms in nature.* New York 1974)

Hüneke, Andreas: *Karl Bloßfeldt. Fotografie zwischen Natur und Kunst.* Hrsg. Gerhard Ihrke, 1990 (Fotokinoverlag)

Kracauer, Siegfried: *Das Ornament der Masse.* Frankfurt/M. 1963

Krauss, Rolf H.: *Fotografie als Medium. 10 Thesen zur konventionellen und konzeptionellen Fotografie.* Berlin 1979

Lindner, Werner: *Bauten der Technik. Ihre Form und Wirkung. Werkanlagen.* Berlin 1927

Meurer, Moritz: *Vergleichende Formenlehre des Ornaments und der Pflanze. Mit besonderer Berücksichtigung der Entwicklungsgeschichte der architektonischen Kunstformen von M. M.* Dresden 1909

Renger-Patzsch, Albert: *Hundert Fotografien.* Köln/Boston/Paris 1979

Schmidt, Georg: *Kunst und Naturform.* Hrsg. von Georg Schmidt und Robert Schenk. Mit einer Einführung von Adolf Portmann, Basel 1960

Semper, Gottfried: *Wissenschaft, Industrie und Kunst. Vorschläge und Anregungen nationalen Kunstgefühls.* (1852) Neudruck Mainz 1966